侍

KOLIMA BOOKS

Categoría: Directivos y líderes | Colección: Liderazgo con valores

Título original: *Samurái, el que lidera sirviendo*

Primera edición: Febrero 2019
Segunda edición: Septiembre 2019

www.editorialkolima.com

Autor: Enric Lladó Micheli
Dirección editorial: Marta Prieto Asirón
Maquetación de cubierta: Sergio Santos Palmero
Maquetación: Carolina Hernández Alarcón
Ilustraciones: Oriol Alcober

ISBN: 978-84-17566-27-2
Depósito legal: M-5649-2019

Las enseñanzas del maestro
entran por los ojos y los oídos
pero penetran hasta el corazón
y se transmiten sin palabras
de generación en generación.
Así es como el maestro
se convierte en inmortal.

Este libro ha sido escrito
para honrar a todos mis maestros.

INDICE

PROLOGO

En el año 2014, una compañía japonesa me encomendó un interesante proyecto.

El objetivo era identificar las habilidades más importantes que sus ejecutivos deberían poseer para afrontar los retos del futuro.

Fruto de este encargo creé el Modelo Samurái, una bella analogía mediante la cual describo las cuatro habilidades esenciales para que cualquier persona pueda liderar y brillar en una organización, consiguiendo al mismo tiempo que la organización también triunfe.

Desde entonces, cientos de ejecutivos de numerosas empresas de primer orden han recibido formación en las cuatro artes del modelo.

En este libro dejo testimonio de su filosofía esencial. Por un lado para que sirva de apoyo a los estudiantes que ya se están desarrollando en este camino, y por otro para todas aquellas personas que deseen acercarse a una manera muy especial de entender el liderazgo, un liderazgo que busca el éxito personal a través del éxito de la organización.

El liderazgo de aquel que lidera sirviendo.

El maestro dijo que lo invisible
solo puede percibirse
otorgándole múltiples formas,
pero solo puede aprenderse
despojándolo de toda forma.

METAMORFOSIS

Todo empieza de nuevo después del gran fuego en Hiroshima y Nagasaki.

El samurái ya se había transformado antes. Cuando su espada dejó de cortar el aire, empezó a cortarlo con el ala de su avión de combate.

Tras el Armagedón, los enemigos de siempre cobran nuevas formas y las batallas pasan a librarse en el seno de las corporaciones.

Llega entonces el momento de transmutar las viejas armas de guerra en otras mucho más sutiles.

Para el *gaijín*[1] el samurái hace siglos que murió. Porque el *gaijín* solo percibe la forma. En su ignorancia, traduce su nombre por la palabra «guerrero». Pero un guerrero («*bushi*») no es necesariamente un samurái. Ni un samurái es necesariamente un *bushi*.

Ni mucho menos hoy.

1 *Gaijín*: extranjero.

EL QUE SIRVE

Samurái fue, es y será aquel que sirve.

Antes servía en un Ejército, ahora lo hace en una corporación, en un equipo o en una familia.

Esa es su verdadera naturaleza. Lo esencial que trasciende más allá de cualquier forma. Servir a un señor. Un guerrero sin señor es simplemente un *ronin* que vagabundea por el limbo y cuya alma se acerca peligrosamente al precipicio del infierno.

El señor puede cambiar de forma. Pero nuevamente la forma es lo menos importante. El señor no es un hombre ni una mujer. El señor no es una bandera. El señor no es una corporación.

El señor es una idea por la que vale la pena morir, e incluso más que eso, es una idea por la que vale la pena vivir.

Saber escoger al señor siempre fue difícil. Porque las ideas no son de este mundo, sino que habitan en un lugar mucho más sutil. Y la única manera de servir a las ideas es servir a las personas y a las organizaciones.

Equivocarse de organización o de persona es doloroso; equivocarse de idea lo es todavía más. Pero equivocarse forma parte esencial del camino del samurái.

Por eso siempre ha sido mejor servir al señor equivocado que no servir a ninguno. No peca quien se equivoca de señor, no peca quien sirve de más. Peca el que no se sirve más que a sí mismo.

Porque aquel que no sirve, simplemente no sirve para nada.

Solo aquel que sirve humildemente, es quien verdaderamente lidera.

Por ello escrito está que quien sea capaz de doblegarse a sí mismo, será capaz de doblegar al universo entero.

EL ENGAÑO

El que solo se sirve a sí mismo perjudica a su empresa y finalmente se perjudica también a sí mismo. Por ello se auto-engaña.

Pero el que quiere servir a su organización también puede caer en el engaño. El cementerio está lleno de gente con buenas intenciones y de empresas con ideas y talento.

Porque en el organismo de la empresa, lo que es bueno para la boca puede ser malo para el hígado. Pero eso la boca no lo sabe.

Porque a veces la lagartija debe sacrificar la cola para salvarse. Pero eso la cola no lo puede entender.

Porque en la sangre de la organización hay política y el poder político es peligroso. Ya decía Séneca que los senadores son muy inteligentes pero que el senado es completamente estúpido.

El samurái lidera sirviendo y sirve liderando porque ha sido capaz de burlar al engaño.

El samurái ha alcanzado la maestría en las cuatro artes. Las cuatro artes que no se enseñan en las escuelas. Las cuatro artes que, aunque pueden explicarse, solo pueden transmitirse sin palabras, de *sensei*[2] a *seito*[3], a través del ejemplo.

Porque no son artes del saber, sino que son artes del ser.

Y el ser, ni engaña, ni puede ser engañado.

---

2 *Sensei*: maestro.

3 *Seito*: alumno.

LAS GRANDES VERDADES

Un solo hombre puede sobrevivir con verdades pequeñas, pero una gran empresa solo puede realizarse si se alcanzan grandes verdades.

A las grandes verdades se accede a través de las pequeñas verdades, pero no todas las pequeñas verdades llevan a una gran verdad.

El cometido del samurái es conducir a su empresa hacia las grandes verdades.

Los medios del samurái son las cuatro artes.

La técnica del samurái nace del espíritu.

LA TECNICA Y EL ALMA

La técnica del samurái puede percibirse en lo que hace y en lo que dice.

El alma del samurái puede percibirse en cómo lo hace y cómo lo dice.

El maestro advierte:

La técnica sin alma es vacía, inútil y peligrosa para el que la ejecuta.

El alma sin técnica pero con humildad y perseverancia conduce siempre hacia la técnica.

Las almas oscuras hipotecan sus mejores dones para desarrollar su técnica y ponerla al servicio de su propia oscuridad. Son una minoría y las rodea un halo oscuro y pestilente. Cuanto mayores son sus dones, más grande es su caída.

Las almas vaporosas carecen de fuerza. Caminan hacia cualquier sitio y no llegan a ninguna parte. Su técnica es un tenue destello que desaparece tan rápido como apareció. Son una extraña mayoría, porque sin sumar ni restar acaban por multiplicar.

Las almas luminosas se entregan sin esperar nada a cambio. No buscan la técnica pero la reciben, no buscan el reconocimiento pero lo encuentran, no quieren destacar pero son la minoría más selecta.

Solo quieren servir y por eso lideran.

Porque no lideran ni los más listos, ni los más fuertes, ni los más poderosos. Estos pueden conseguir mandar pero no necesariamente liderar.

Los que consiguen liderar son solo aquellos que lo merecen.

LAS CUATRO ARTES

El camino hacia la gran verdad empieza a través de *Kyu Do*, el arte del arco, que se transmutó en el arte de lanzar propuestas.

Una propuesta es una flecha que apunta hacia una verdad. En un combate la mayor parte de las flechas se perderán sin dar en el blanco, pero los arqueros siempre están en la primera línea porque sus innumerables flechas son las que hacen que el destacamento avance.

Pero lanzar flechas no es suficiente.

A la gran verdad solo acceden aquellos que dominan *Ai Ki Do*, el camino de la lucha no violenta, el arte de emplear la energía del enemigo para derrotarlo, de vencer dulcemente sin sufrir ni infligir daño alguno.

Ai Ki Do se transmutó en el arte de hacer preguntas poderosas, el arte de cuestionar en lugar de argumentar. Usar un argumento para defenderse de otro argumento es como emplear un puño para defenderse de otro puño. Sin embargo, ningún argumento falaz puede resistir la fuerza de una pregunta amigable. Las preguntas muestran el camino correcto entre las nubes de flechas.

Yoroi, el tercer arte, es el arte de la armadura perfecta. Nadie en su sano juicio entraría en combate sin la protección de una buena armadura, pero nadie debería protegerse tanto como para perder la agilidad de movimientos. *Yoroi* se transmuta en el arte de entrar en acción tomando decisiones poderosas. Decisiones que nos permiten estar protegidos y que al mismo tiempo nos hacen letales.

El cuarto arte es *Gunbai*, el arte del abanico de guerra, que transmite señales a las tropas pero que también puede emplearse para golpear e infligir daño.

La metamorfosis de *Gunbai* da lugar al arte de la crítica. Una crítica transmite información imprescindible para aprender, pero una crítica también puede hacer mucho daño. Quien domina *Gunbai*, el arte de la crítica, es capaz de mostrar la verdad más difícil sin causar dolor alguno.

EL CAMINO

Cuando un samurái hace una buena propuesta (*Kyu Do*), los demás le cuestionan con buenas preguntas (*Ai Ki Do*). En este proceso, la propuesta muere o se transforma y avanza.

Llega entonces el momento de tomar decisiones valientes, de asumir riesgos y llevar la propuesta a la acción (*Yoroi*).

La acción es el juez que confronta las teorías con la realidad. Su fruto es la verdad.

El fruto de la verdad que queda en el suelo se pudre y desaparece.

La responsabilidad del samurái es recoger el fruto fresco y dárselo a comer a los demás en forma de crítica (*Gunbai*). Unas veces el fruto es dulce, otras veces el fruto es amargo.

Dulce o amargo, siempre encierra una gran verdad.

Por ello, quien come del fruto hace crecer la verdad en él y aprende.

Escrito está con fuego que este es el único camino hacia la gran verdad.

Por ello los ciegos no lo ven, pero se queman igualmente.

弓道

KYU DO

EL ARTE DE LANZAR PROPUESTAS

ESPIRITU INMORTAL

En voz alta pronunciamos la palabra «*Kyu Do*» y entonces estamos diciendo el camino del arco.

Pero cualquier palabra es en vano para describir este arte ancestral.

El samurái ha protegido con celo su legado a lo largo de los siglos. Por ello sobrevive intacto a la llegada de las armas de fuego y también al fin de las guerras.

Sus practicantes, hombres, mujeres, ancianos y niños, se congregan en los campos de entrenamiento en busca de *mushin*, el estado mental de profundo vacío.

Desde este estado, el arquero deja de ser el principal obstáculo en el camino de la flecha. Así se convierte en un agente del destino.

Hoy el espíritu de *Kyu Do* trasciende la dimensión física del arco y se manifiesta transmutado en el arte de lanzar propuestas.

EL ARQUERO

Un buen arquero no soluciona sus asuntos quejándose, sino lanzando flechas. Un buen arquero siempre está listo para lanzar la primera flecha. A un buen arquero jamás se le agotan las flechas.

Un buen samurái hace lo propio con sus propuestas.

Porque lo máximo que puede conseguir el que se queja es una disculpa, pero lo máximo que puede conseguir el que propone es lo que ha propuesto.

Porque en una conversación, el primero que lanza una propuesta es quien marca el curso de la conversación.

Porque en una negociación, quien hace más propuestas es quien sacará más tajada.

Porque en una discusión, la propuesta sobre la que se discute es la que tiene más opciones de salir adelante.

Por todo ello el que propone es siempre el que lidera.

LA FUERZA

Las dos flechas del anciano de noventa y nueve años dieron en los dos blancos. El niño de diez años acertó uno. El joven de veinticinco no acertó ninguno.

–Pero yo tengo más fuerza que vosotros –dijo el joven.

–No es cuestión de fuerza –replicó el anciano–. El arte del *Kyu Do* solo se entrega a los que se entregan a él.

No hace falta ser más poderoso ni más inteligente ni ocupar un gran lugar en la jerarquía para lanzar buenas propuestas.

Hace falta lanzar muchas propuestas y lanzarlas desde el corazón.

LA PREPARACION

El momento del disparo ocupa un breve instante. Preparar ese momento lleva toda una vida.

Una propuesta de inversión de mil millones se hizo en pocos minutos y fue aceptada. Eso es lo que se vio.

Preparar esa propuesta llevó más de mil horas. Pero eso es lo que no se vio.

Los dioses bendicen a los más dotados en la cuna. Pero en el campo de batalla solo bendicen a los más preparados.

Es por ello que aquel que posea una propuesta bien preparada puede haber dado en el blanco mucho antes de lanzar la flecha.

LA POSICION

No da en el blanco quien tiene mejor puntería sino quien está más cerca del blanco.

El más humilde arquero puede herir de muerte al general enemigo porque está en el lugar correcto.

Quien desprecia la flecha más humilde es que no ha entendido esto.

Un gran general atesora con reverencia hasta la última de las miles de flechas de su Ejército. Un gran empresario recibe con reverencia hasta la última de las propuestas de sus empleados.

Porque saben que todas las flechas y todas las propuestas apuntan siempre hacia un trozo de una gran verdad.

Un gran general ama a todos sus soldados por igual y por eso los coloca en posiciones diferentes. Un gran empresario ama a todos sus empleados por igual y por eso les otorga distintas funciones.

Porque quien ama a su cuerpo, ama a cada uno de los órganos que lo componen, sea cual fuere su función.

POTENCIAL

Quien dispara sus flechas desde lo alto de la colina llega el doble de lejos con el doble de fuerza y destroza a su enemigo.

Quien dispara desde lo más profundo del valle no llega muy lejos y pierde sus flechas por entre los matorrales.

El único combate que un general emprende desde lo profundo del valle es cuando ha sido emboscado. Normalmente lo pierde, pero en realidad la derrota la gestó antes de empezar.

Por ello el general *Sun Tzu* sentenció que la mayor parte de las batallas son ganadas antes de ser libradas.

Quien lanza una propuesta desde el lugar equivocado y en el momento equivocado ha perdido la batalla antes de empezar. Y su propuesta se pierde para siempre entre los matorrales de un «no».

El arte del *Kyu Do* sin estrategia no es *Kyu Do*. El buen estratega es paciente y espera tranquilo hasta que encuentra el momento y el lugar adecuados para lanzar su propuesta.

Así aprovecha todo su potencial.

EL BLANCO

Quien está pensando en dar en el blanco fallará.

Quien mantiene su mente vacía en cada minúsculo gesto y solo sigue los pasos correctamente, no podrá evitar que la flecha y el blanco se encuentren.

Del mismo modo, quien está pensando en que su propuesta sea aceptada fracasará.

Quien está vacío de ego en cada paso que da, desde el momento en el que empieza a preparar su propuesta hasta el momento en el que la última palabra sale por su boca, no podrá evitar que todo empiece a cambiar.

CAMBIO

El camino de una flecha rígida está torcido.

La flecha que se dobla y da vueltas sobre sí misma es la única que viaja en línea recta.

Torcido y corto es el camino de una propuesta que no admite ser transformada.

El buen samurái desea que su propuesta sea tocada por los demás porque sabe que cada vez que esto ocurre su flecha cambia para mejor y toma más y más velocidad.

Porque sabe que el cambio solo con cambio se induce.

Y quien quiere cambiar algo debe empezar cambiando él primero.

Quien ama tanto a sus flechas como a sí mismo no se desprende de ninguna para no dañarla y al final acaba atravesado por una flecha que le parte el corazón.

UNA ENTRE DIEZ

En el edén del campo de entrenamiento se acierta una de cada dos.

En el infierno del campo de batalla se acierta una de cada diez.

Quien desprecia las nueve flechas erradas es porque no comprende las leyes del combate.

Porque cuando todo está quieto, las flechas sirven para dar en el blanco.

Pero cuando todo está en movimiento, cinco sirven para descubrir dónde no hay que disparar, cuatro sirven para frenar el movimiento del enemigo y solo una de cada diez sirve para dar en el blanco.

Pero la décima flecha solo puede acertar cuando las demás han hecho su trabajo.

Quien se desespera y abandona a la novena propuesta es derrotado porque no comprende las leyes de los negocios.

合気道

AI KI DO

EL ARTE DE HACER PREGUNTAS

O' SENSEI

En el año 1960 Morihei Ueshiba es condecorado por el emperador Hiroito. Este acto constituye el reconocimiento público a una larga vida entregada a la búsqueda de la paz. Una búsqueda en mitad de la violencia y la barbarie de las guerras en las que se vio envuelto.

Una búsqueda que culmina en el año 1942 cuando O´ Sensei vivió su tercera y última experiencia de despertar espiritual, a la que llamó «*El gran espíritu de la paz*». Un rayo de luz alumbró el nacimiento de *Ai Ki Do*, el arte marcial supremo, creado para trascender definitivamente la violencia de este mundo.

Hoy sus practicantes se cuentan por miles y con ellos el espíritu de O´ Sensei ha traspasado los límites del *dojo*[4] y de las naciones.

Transmutado en el arte de hacer preguntas, convierte a su portador en un agente de paz, cambio y progreso.

---

4 *Dojo*: lugar donde se practican las artes marciales. Literalmente, lugar del camino.

SIMETRIA

El hombre común es un mono que pelea con su reflejo.

El samurái es alguien que ha visto el espejo.

Busca dentro lo que hace falta fuera.

Cambiándose a sí mismo, transforma el mundo entero.

Por eso el camino del *Ai Ki Do* siempre empieza en el interior y solo aquel que primero sirva será el que después lidere.

RESISTENCIA

Ante toda acción se produce una reacción.

Es por ello que en el combate, quien empuja a otro se empuja a sí mismo, y quien resiste un envite le está dando fuerza.

Así pues, quien niega un nombre, lo está recordando, quien se resiste a una idea, la hace más grande, quien critica una propuesta, le da vida y quien pretende tomar el control, lo acaba de perder.

Por ello el practicante de *Ai Ki Do* no resiste, sino fluye, no confronta, sino une, no es lineal sino circular.

No discute, sino pregunta.

EL PESO DE LA VERDAD

Ante un ataque, el practicante de *Ai Ki Do* se sirve de la fuerza de la gravedad para dirigir el peso de su oponente contra él mismo. Por ello, cuanto más grande es el oponente, más enérgica es su caída.

Ante una propuesta, el samurái se sirve del peso de la verdad para dirigir la propuesta contra ella misma simplemente preguntando.

Si la propuesta es débil, el peso de la verdad le va a hacer caer.

Si se sostiene, entonces aceptarla será un regalo divino.

Por ello, quien domina la técnica de *Ai Ki Do* permanece inalterable ante cualquier oponente, sea cual sea su tamaño, y quien conoce el peso de la verdad permanece inalterable ante cualquier propuesta adversa, sea cual sea su importancia.

LA RAZON

Hay un número pintado en el suelo.

El que lo mira desde arriba dice que es un seis. El que lo mira desde abajo dice que es un nueve.

¿Cuál de los dos tiene la razón?

Los estudiantes de la verdad contestan que los dos tienen la razón, pero el maestro de la verdad dice que nadie tiene la razón.

Nadie tiene *la* razón porque todos tienen razón.

Quien comprende realmente esto, puede desprenderse del peso de su ego y solo entonces es capaz de aplicar el peso de la verdad.

EL SILENCIO

El primer paso para poder preguntar es escuchar. La única manera de escuchar es permanecer en silencio.

Pero el silencio de los labios cosidos no es el verdadero silencio. Así es como lo enseñó Gandhi. El verdadero silencio se hace con la boca, con la cara, con las manos, con el cuerpo, con la mente, con la emoción y con el ego.

El silencio verdadero es un profundo vacío de pura receptividad.

Por ello el samurái es un individuo vacío y silencioso. Su vacuidad ejerce una fuerza de atracción que subyuga. Porque como escucha a todos, todos quieren escucharle.

Y así ocurre que quien habla y habla sin parar está siguiendo, mientras que el que permanece en silencio está liderando.

LA MANZANA

Pidió el señor a sus sirvientes que cada uno le trajera una manzana. Uno trajo una manzana roja, otro trajo una verde y otro trajo una amarilla.

¿Cuál de ellos le había entendido?

Todos y ninguno.

Los hombres creen que hablando se entienden, pero la realidad es que solo entienden una pequeña parte. Eso es peligroso.

Porque quien interpreta mal un ataque devuelve una técnica estéril.

Quien desea servir bien repite lo que ha escuchado para comprobar si lo ha entendido. Este es el segundo paso para poder preguntar

Si lo ha entendido mal, consigue entender correctamente. Si lo ha entendido bien, consigue que el otro se sienta comprendido. Solo cuando el otro se siente comprendido, entonces desea comprender.

Es por ello que quien se esfuerza en comprender al otro parece que sirve, pero en realidad está liderando.

VALOR

Quien desprecia los golpes del enemigo, acabará siendo derrotado. Porque hasta el dedo meñique de un niño, si se aplica en medio del ojo, basta para derrotar a un gigante.

El practicante de *Ai Ki Do* valora todos los ataques por igual y por ello los maneja todos en su justa medida.

De la misma manera, quien desprecia una propuesta adversa se hace más vulnerable a ella.

El samurái valora toda propuesta y da las gracias a quien la lanzó, especialmente si la propuesta puede dañar sus intereses. Este es el tercer paso antes de poder preguntar.

Lao Tsé dijo que quien quiere tomar algo de alguien debe darle algo primero. Por ello, quien quiere ser valorado, antes debe valorar al otro.

Pocos son los que dan valor al otro en primer lugar, porque pocos son los que tienen valor suficiente.

Así ocurre que quien valora y da las gracias sinceramente, parece que está sirviendo, pero en realidad está liderando y ninguna propuesta puede dañarlo.

IRIMI

Cuando nos lanzan un golpe retrocedemos para evitarlo porque tememos ser heridos.

El practicante de *Ai Ki Do* no retrocede sino que hace *Irimi* (entra) porque busca un contacto pleno hasta llegar a la unión. Cuando ambos cuerpos son uno, puede empezar a dirigir el movimiento.

Quien primero escucha atentamente una propuesta, después la repite para asegurarse de que la ha entendido y finalmente da las gracias de manera sincera, entra en contacto pleno con la propuesta y se conecta con el otro. Está haciendo *Irimi*. Desde aquí ya puede preguntar.

Quien no escucha, ni reformula, ni agradece; no avanza sino que retrocede porque teme ser convencido por el otro. Su ego tiene miedo de ser herido.

Quizás piensa que está liderando pero en realidad está siguiendo.

LA MUSICA

El espíritu del *Ai Ki Do* no es dañar al atacante sino neutralizar el ataque.

El espíritu de la pregunta no es dañar al que la recibe sino descubrir su verdad.

Una pregunta dolorosa jamás es una buena pregunta. Se percibe como un ataque encubierto. Lejos de apaciguar, solivianta aún más y contribuye a escalar el conflicto. Es peor que un ataque directo.

No duele la letra de lo que se pregunta sino la música de cómo se pregunta. Porque la letra muestra nuestras dudas sobre el asunto, pero la música desvela lo que pensamos de la otra persona.

Quien pregunta para dañar piensa que el otro es indeseable. Quien pregunta para someter piensa que el otro es inferior. Quien pregunta para manipular piensa que el otro es estúpido. Y por ello son resistidos.

Quien pregunta para entender piensa que el otro es razonable. Quien pregunta para aprender piensa que el otro es sabio. Quien pregunta para servir piensa que el otro es digno. Y por ello son seguidos hacia la verdad.

No alcanza la verdad ni el que desea vencer, ni el que desea convencer. Únicamente el que la busca amigablemente.

大鎧

YOROI

EL ARTE DE TOMAR DECISIONES

PIEL

El *gaijín* ve en *Yoroi*[5] un mero objeto inerte.

Pero en realidad es piel viva que se ha ido regenerando desde el inicio de los tiempos con el único fin de servir al que sirve.

En cada generación se ha mantenido fiel a un mismo principio esencial: la agilidad por encima de la seguridad.

Este principio expresa en cuero y metal la verdadera naturaleza del alma samurái.

Hoy, aquellos que impulsan su empresa con la valentía de sus decisiones, sea en tacones o en traje y corbata, mantienen intacto este espíritu en su piel.

---

5 *Yoroi*: armadura samurái.

SEGURIDAD

Tomar decisiones es como entrar en combate.

Quien no se proteja lo suficientemente morirá.

Quien se proteja demasiado, no avanzará y será derrotado. Porque buscando la máxima seguridad, se pone en riesgo.

Por ello el cementerio está lleno de valientes, pero también de cobardes. Aunque los cobardes vivieron una hora más, esa hora no valió la pena.

Una buena armadura es aquella que protege pero permite libertad de movimientos. Está diseñada para protegerse y para poder atacar.

Una buena decisión es razonable pero también es intrépida. Está pensada para salvaguardar la propia hacienda mientras se conquista la del enemigo.

LA VOZ DE LA MUERTE

Quien no entra jamás en combate, tiene su armadura intacta. La armadura del auténtico guerrero tiene muescas y abolladuras.

El sonido de cada impacto es la voz de la muerte detrás de la puerta. Recuerda al guerrero que está protegido pero también que es vulnerable. Produce una sensación agridulce.

Quien toma decisiones recibe impactos en sus negocios. El sonido de los golpes es la voz del fracaso detrás de la puerta. Le recuerda que es vulnerable, pero también que está protegido. Es una sensación agridulce.

Quien no percibe un sabor agridulce en el paladar es porque ni está decidiendo, ni ha entrado en combate. Eso es peligroso.

Porque al rehuir el combate para evitar la muerte, acaba acorralado en un lodazal y allí la encuentra.

LA BUENA DECISION

¿En qué se diferencia una buena de una mala decisión?

Los estudiantes contestan: «en que solo la buena da el resultado esperado».

El maestro replica: «es una manera de diferenciarlas, pero en ese momento puede que ya estéis muertos».

Cualquiera puede criticar la decisión de un general cuando la batalla ya ha terminado. Muy pocos son los que se atreven en el momento de tomarla.

El maestro sentencia: «la buena decisión no se mide por su resultado sino por cómo fue tomada».

Quien sigue a conciencia los pasos correctos para tomar una decisión, toma siempre la decisión correcta.

Finalmente el destino decide. Pero pase lo que pase, el samurái mantiene su honra porque ha hecho lo necesario.

EQUILIBRIO

Los tres pasos principales para vestir una armadura son ajustar el *kabuto,*[6] para proteger la cabeza, asegurar el *do,*[7] para proteger el corazón y ceñir el *haidate,*[8] para proteger las piernas. Si falla alguno de estos elementos, la armadura no está asegurada y el guerrero está en peligro.

Una buena decisión requiere utilizar la cabeza para ser razonable, emplear el corazón para encauzar las emociones, y hacer uso de las piernas para llevarla pronto a la acción.

Tomar decisiones sin razón es de locos. Tomar decisiones sin sentimientos es de perversos. Tomarlas sin movimiento es de inútiles.

Los tres acaban siendo víctimas de su desequilibrio.

---

6 *Kabuto*: casco.

7 *Do*: pechera.

8 *Haidate*: faldón.

KABUTO

El maestro pregunta cuál es la mitad de dos más dos.

Los alumnos responden dos.

El maestro replica tres.

Quien no sabe tomar decisiones cree que su problema es la falta de información. Pero el verdadero problema es que no sabe leer la información de la que ya dispone.

Su enemigo es él mismo y se convierte en víctima de los *yurei*[9] de su mente.

Quien cree que en su mente no hay *yurei*, es el primero en sucumbir a ellos.

---

9 *Yurei*: fantasma. Literalmente, espíritu difuminado.

YUREI

El niño grita asustado que hay un *yurei* en su armario. Su padre acude, enciende la luz, abre el armario y le muestra que allí no hay más que las sombras de su mente. Entonces el niño se duerme tranquilo.

Quien tiene *yurei* en su mente y por miedo o por desidia no los afronta, los está alimentando. Entonces van creciendo poco a poco hasta llegar a consumirlo en la oscuridad. Donde hay *yurei* no hay *yoroi*.

Incontables son los *yurei* invasores de la mente que pretenden conquistar el mundo y llenarlo de tinieblas.

Pero ninguno resiste ser sometido a la luz de una buena pregunta. Entonces se desvanecen en la nada y su portador queda liberado y en paz.

DO

En el campo de batalla, una decisión mediocre pero bien ejecutada siempre es mejor que una decisión brillante pero mal ejecutada.

Si nadie participa en el proceso de decisión, nadie se siente comprometido y no se ejecutará desde el corazón. La derrota está garantizada.

Pero si se involucra a demasiadas personas, jamás se terminará de decidir. Esto también lleva al desastre.

Por ello el general involucra en las decisiones a aquellos, y solo a aquellos, que son imprescindibles para ejecutarla en el campo de batalla y a aquellos, y solo a aquellos, que podrían impedir su ejecución.

LA JUSTA MEDIDA

A los armeros, cocineros, sirvientes e intendencia, el general les explica con tiempo el qué y el porqué de sus decisiones. Así pueden hacer su trabajo desde el corazón. Este es el nivel más sutil de involucración.

A los soldados que arriesgan su vida en el campo de batalla les otorga voz en sus decisiones. Escuchándoles con auténtica consideración, libera sus corazones para que puedan entregarlo todo, sea cual sea la decisión final.

A los capitanes de los regimientos les otorga voz y voto. Sus corazones se hacen uno con la decisión y su firmeza se mantiene, si es necesario hasta la aniquilación del último de sus hombres.

A su señor le otorga un poder absoluto de decisión por encima de sí mismo. Entonces involucra al resto con su ejemplo, sacrificando su propia vida si fuera necesario.

HAIDATE

Matsumoto Suneimoto escribió en *Hagakure*[10] que una decisión debe tomarse en el espacio de siete respiraciones.

Menos de siete es precipitación, más de siete es inacción. Siete exacto es perfección.

Quien decide cómo decidir cuando está decidiendo tarda siete mil respiraciones.

Quien no tiene claro cuándo debe decidir, decide en el último momento y por ello decide mal.

Quien sabe cuándo empezar a decidir, cuándo terminar de decidir y los pasos a seguir, conoce el valor de la agilidad y el tiempo es su aliado.

---

10 *Hagakure*: «Oculto tras las hojas», versión escrita del *bushido* o código del guerrero.

MALDICIONES

Maldito está el que quiere conseguirlo todo,
Porque jamás conseguirá nada.

Maldito quien teme aclarar sus ideas,
porque desaparecerá entre tinieblas.

Maldito está el que no se decide,
porque su enemigo decidirá por él.

Maldito está el que habla y no actúa,
porque sentado hallará la muerte.

Maldito el que actúa indeciso,
porque se está suicidando.

Maldito el que actúa sin pensar,
porque arrastra a los suyos a la tumba.

Maldito está el que no obra a conciencia,
porque acaba de corromperse.

Maldito el que actúa sin corazón,
porque quedará solo ante el peligro.

Maldito el que quiere contentar a todos,
porque a nadie dejará satisfecho.

Maldito el que no responde con su vida,
porque arriesga la de los suyos.

Maldito el que nunca va por delante,
porque siempre quedará atrás.

軍配

GUNBAI

EL ARTE DE LA BUENA CRITICA

TESSENJITSU

Cuando le prohíben acudir armado a los espacios públicos, el samurái transforma su abanico en un arma de combate. Lo dota de una mortífera alma de acero y crea *tessenjitsu*, el refinado arte de la lucha con abanico.

En este camino tecnológico surge *gunbai*, el abanico sólido. Con su particular forma de mariposa, transmite señales a los soldados en el campo de batalla al tiempo que su portador lo emplea, si es necesario, como arma de defensa y ataque.

Hoy el *gunbai* sigue vivo en el *dojo* de sumo, donde el *gyoji*[11] lo esgrime con autoridad para dar instrucciones a los contrincantes y para declarar el ganador al final de la contienda.

El arte de la buena crítica es *gunbai* porque alberga el mismo espíritu y se rige por los mismos principios de funcionamiento.

11 *Gyoji*: árbitro de sumo.

INTENCION

¿Por qué habla el incauto?
Porque no puede mantener su boca cerrada.

¿Por qué habla el rencoroso?
Porque tiene sed de venganza.

¿Por qué habla el perverso?
Porque está engatusando a alguien.

¿Por qué habla el samurái?
Porque es su responsabilidad.

CEGUERA

El maestro lanzó un reto: «decidme cuántas pecas hay en vuestra cara sin miraros en el espejo». Los estudiantes quedaron perplejos.

Finalmente, uno de ellos pidió ayuda a otro para que se las contara.

Nadie puede mirarse a sí mismo a los ojos. Nadie oye su verdadera voz mientras habla. Nadie puede experimentar el sabor de su propia lengua. Nadie es capaz de morder sus propios dientes.

El punto ciego del observador es él mismo.

Simplemente no puede verse. A veces tampoco quiere.

Quien quiera verse a sí mismo, siempre necesita ayuda.

Por ello, quien ayuda humildemente a otro a conocer su verdad cumple con su responsabilidad, y aunque parece que está sirviendo, en realidad está liderando.

LAS DOS CARAS

Desde la cima de la montaña el general observaba el movimiento de sus tropas y las dirigía con su *gunbai.* Cuando dos soldados enemigos llegaron hasta él en la cumbre, entonces lo empleó para abrirles la cabeza.

La verdad desconocida es como un *gunbai,* porque siempre tiene dos caras. Puede nutrir o puede atragantarse, puede dirigir o puede desorientar, puede impulsar o puede desalentar.

Quien emplea su verdad para ayudar a los demás, dirige a su empresa hacia el éxito. Este es un samurái.

Quien la emplea para herir y castigar, vive en las sombras, el engaño y el dolor. Este es un *ninja.*

Quien pretende lo primero pero consigue lo segundo es alguien que no entiende lo que tiene entre manos.

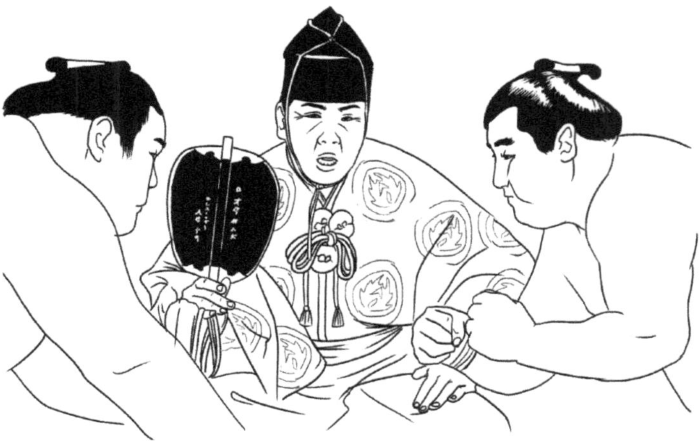

PORCELANA

Un tropiezo acabó con el jarrón hecho añicos en el suelo. Pudieron reconstruirlo con paciencia pero nunca volvió a ser lo que era.

La carne del corazón es porcelana fina. El más ligero golpe la quiebra y entonces la relación nunca vuelve a ser lo que era.

La mala crítica es dura como un *gunbai* en medio de la cara. Destruye la relación y no tiene vuelta atrás.

La buena crítica es suave como la brisa de un *gunbai* lejano. Muchas veces no sirve para nada, pero siempre es posible hacerla de nuevo.

FRUTO DULCE

Cuando el fruto de la verdad es dulce, el samurái lo ofrece abundantemente.

Nadie se lo ha pedido, por eso está liderando.

Nadie lo está esperando, pero todos lo reciben con agrado.

Así va alegrando los paladares y los prepara para cuando maduren los frutos de otro sabor.

Quien solo reparte el fruto amargo de la crítica cuando sus intereses han sido comprometidos, simplemente está reaccionando y por ello no lidera sino sigue, no agrada y no es seguido.

FRUTO AMARGO

Cuando el fruto de la verdad es amargo, el samurái espera a que se lo pidan.

Si nadie lo pide, entonces espera el momento y el lugar adecuados. Lo prepara convenientemente y solo lo ofrece a quien lo pueda tragar y cuando lo pueda tragar.

Porque el arte de la crítica sin estrategia es simplemente un juego de azar.

El bufón de la corte es capaz de mofarse del monarca sin temor a perder su cabeza porque antes le ha pedido al rey que le perdone la vida por lo que va a decir. Solo si el monarca accede, el bufón procede.

El samurái puede decir lo que quiera a quien quiera porque sabe esperar al momento y al lugar adecuados, conoce la forma adecuada y llega siempre preparado.

DOLOR INUTIL

Un padre le dijo a uno de sus hijos que era un holgazán. El resto de su vida siguió siéndolo y además quedó resentido.

Porque criticar la identidad es muy doloroso y transmite poca información. Y entonces resulta que quien mucho abarca, poco aprieta.

A otro le dijo que no era capaz de hacerse bien la cama. Este cambió a regañadientes algunas cosas, pero siguió sin hacerla a gusto del padre.

Porque criticar la capacidad también duele, y aunque transmite más información, no es suficiente.

A su tercer hijo le dijo que cuando dejaba las sábanas arrugadas y el cojín torcido su madre deshacía completamente la cama y la volvía a hacer de nuevo. Este se esforzó en dejar la cama lisa y el cojín recto.

Porque criticar el comportamiento transmite mucha más información y puede resultar indoloro. Por ello es la única crítica útil. Abarca mucho más de lo que parece.

DISCUSION

Las señales de humo son difusas, imprecisas y corren el riesgo de ser alteradas por el viento. Su interpretación es muy discutible. Por eso no sirven de gran cosa y a menudo causan muchos problemas.

Las señales del *gunbai* son concretas y específicas. No admiten interpretación y por ello no dan lugar a discusión. Pueden guiar a un Ejército entero.

Quien en sus críticas resulta impreciso, genérico o interpretable, está lanzando señales de humo y acabará enzarzado en una discusión. Porque la crítica que es discutible será siempre discutida. Y en el mismo instante en que la discusión empieza, la crítica deviene completamente estéril. Entonces es mejor retirarse.

El samurái, en cambio, emplea el arte del *gunbai* describiendo comportamientos y consecuencias de manera muy concreta y con gran detalle. Porque solo desea reflejar hechos y evita cualquier juicio o interpretación.

Nadie le discute porque es indiscutible.

ACEPTACION

Quien recibe una crítica indiscutible a menudo trata de justificarse. Esto significa que la crítica no ha sido completamente aceptada.

Entonces el samurái acepta de corazón la justificación del otro y es así como su crítica es finalmente aceptada.

Porque quien busque aceptación, deberá antes aceptar primero.

Si todas las críticas del samurái son aceptadas es porque el samurái acepta todas las justificaciones y también acepta todas las críticas.

El samurái siempre acepta primero porque para liderar es necesario ir por delante.

HARAKIRI[12]

Quien no tiene ya más remedio que aceptar una crítica puede querer hacerse *harakiri* y entonces se inmola delante del crítico.

Permitir esto es cruel y no forma parte del arte del *gunbai* sino del vicio de la venganza.

El buen samurái posee buenos reflejos y rápidamente interrumpe al otro con agradecimientos, elogios o distracciones ante el menor signo de aceptación.

Es capaz de sentir el dolor del otro casi antes de que el otro lo sienta y le pone remedio casi antes de que aparezca.

Sirviendo al otro de humilde apoyo consigue que el otro avance. Es por esto que cuando sirve en realidad está liderando.

---

12 *Harakiri*: atravesarse el estómago con la propia espada.

Escrito ha quedado que solo aquel que sirve es quien puede liderar y que aquel que lidera es solo porque está sirviendo.

Luminoso es el camino del que lidera sirviendo, pero también es largo y se encuentra lleno de obstáculos.

En este camino, a quien se hace amigo de las comodidades le ocurre como a aquel que invitó a cenar a su casa a un ladrón.

El que busca un camino más fácil siempre acaba yendo cuesta abajo.

Quien busca la perfección nunca consigue nada. Porque la perfección solo es un sinónimo de la muerte.

Quien solo busca aprender, cada día avanza un paso. Porque el aprendizaje es sinónimo de la vida.

El que da pasos rápido tropieza. Se cansa enseguida y jamás llega a ninguna parte.

El que camina despacio y de forma constante es quien avanza más rápido. Porque los mejores aliados del aprendizaje son la paciencia, la disciplina y la repetición del *kata*[13].

El que emprende el camino enfrentándose al mundo, siempre acaba derrotado. Porque pretende comerse una *katana*[14] a mordiscos.

El que acepta la realidad sin juzgarla y se limita a ser él mismo, jamás puede ser vencido. Porque la mejor pelea es la que no tiene lugar y el verdadero enemigo es siempre uno mismo.

Quien teme perder su vida por el camino, se convierte en un muerto que camina.

Quien se hace amigo de la muerte, es el único que saboreará la vida.

Y al final del trayecto, quien buscaba la gloria no la encontrará y el que la encuentre será precisamente porque no la estaba buscando.

---

13 *kata*: forma.

14 *Katana*: espada.

ENRIC LLADO

Enric Lladó es consultor experto en Pragmática de la Comunicación y se dedica al desarrollo de la capacidad de comunicación de personas, equipos y organizaciones.

Es autor de otros cinco libros, entre ellos los títulos de éxito *Tocar con palabras* y *Presencia y poder*, ambos publicados por esta misma editorial.

KOLIMA
BOOKS

www.ingramcontent.com/pod-product-compliance
Ingram Content Group UK Ltd.
Pitfield, Milton Keynes, MK11 3LW, UK
UKHW031816260826
14628UKWH00001B/53

9 788417 566272